Círculo Rojo

Nocturna Córdoba

NOCTURNA CÓRDOBA

José Ignacio García de la Cruz Giménez

Círculo Rojo
EDITORIAL

Primera edición: marzo 2024

ISBN: 978-84-1061-595-3
Impresión y encuadernación: Editorial Círculo Rojo

© Del texto: José Ignacio García de la Cruz Giménez
© Maquetación y diseño: Equipo de Editorial Círculo Rojo

Editorial Círculo Rojo
www.editorialcirculorojo.com
info@editorialcirculorojo.com

Impreso en España - Printed in Spain

A mi padre

Prólogo

El germen de *Nocturna Córdoba* se halla en un paseo de madrugada por la judería cordobesa. De ahí surgieron un conjunto de poemas inspirados en algunos lugares de la ciudad en el que se presentan diversas emociones y sentimientos. Muchos de ellos expresan temas universales, como el amor, el tiempo, la nostalgia, y otros son un poco más profundos e íntimos, aunque también muy compartidos por el público en general.

Los poemas que se encuentran en este libro se han escrito utilizando un lenguaje coloquial y sencillo, lo que permite una lectura breve y profunda. En algunos de ellos, se emplean diversos lugares de la ciudad, unos conocidos y otros menos. Como evidencia de este conjunto de sentimientos en que el autor conecta de forma poética con ellos.

Este libro de poesía nos brinda la oportunidad de imaginar las diversas escenas o representaciones que en él se describen intentando crear un ambiente cercano e íntimo, cargado de emociones y sentimientos.

Parte 1ª.
El amor.

I

Fui a verte como de costumbre
como el jilguero al nido
y allí encontré lo que ansío.
Allí me acosté sobre tus recuerdos,
tus vivencias y miedos.
Solo una noche creo que fue,
aunque para mí más corto fue.
Esperaré otra noche más
y con mis alas te volveré a buscar.
Nada más, mis alas,
que me dan la libertad
de acariciarte y volverte amar.

II

Volaba la cigüeña en la dehesa
hasta que me vio
y a su nido volvió en nube espesa.
La seguí bajo el sol.
Ella por el cielo seguro me miraba
y yo tras ella enamorada.
Su vuelo, sus alas...
Sentía cómo me llamaba.
A su nido llegué
y ella ya no volaba.
La acaricié y dormía.
Nido de sábanas.
Nido en casa.

III

Allí, allí lo vi,
como una sombra más en la pared.
Esperaba lo sé
a quien por fortuna dijo que le amaba.
Allí, allí lo vi,
feliz y tortura
esperando un atisbo
de quien ama, de quien ama
por suerte suya.
Ansia y nervio le matan
solo mira al fondo, si asoma.
Llegará lo sé
porque sé que la ama
y ella a él, lo sé.
Vivirán y morirán
como las sombras de la pared
blancas y puras,
ocultas con la luna.
Bailan en la noche
como estrellas sin norte.
No piensan, solo viven,
sin miedo, solo querer.

IV

Si eres aire que escapas de mis manos,
seré trigo que se mece sin romper su tallo.

Si eres agua que resbala y busca esconderse,
seré pequeña hierba que espera el amanecer al este.

Si eres tierra que de ti piso y sigo caminos,
seré árbol y con mis raíces llegaré a tus sinos.

Si eres sol que iluminas y deshaces penumbra,
seré girasol y siempre estaré en tu busca.

V

Elévase como el árbol en el bosque,
suma como afluentes en caudales,
brilla como estrella y luna en noche,
suave como brisa cuando cae la tarde.

VI

Bajo sombras esperando dos estrellas humedecidas,
¿quién soy yo para volveros a ver?
Brillantes os veo como al anochecer,
ese anochecer de ensueño, magia, risa,
puro y único que me daba eterna vida.
Tiemblan a mi presencia y miedosas se vuelven;
explicaciones, perdones, recuerdos y risas,
toda una noche de tiniebla que empieza a morir,
muere porque deja paso a otra vida, otro amanecer.
Otra vez estrellas, aquí vuelvo y os doy
otro momento que recordar, otro renacer.
Cambiantes es lo que os rodea,
atónito me deja,
y vosotras ahí,
lámparas de vida y guía,
faros de mis mares.
Brillad. Estrellas amantes.

VII

Hechizo de cal y brujo anochecer,
pisadas sonoras en el parecer,
risa osada de farola y flora,
que en ventanas y rejas se asoman sola.
Leve brisa que acaricia la cara,
fuerte viento que atraviesa al alma,
ayuda a encontrarse a uno mismo,
por tus calles y caminos; mi destino.
Calleja y judería escuchan latidos
y un vivir queda aquí en tus escondrijos.
Vuelta y despedida, te lo juro, volveré
y un morir aquí hasta mi vuelta otra vez.

VIII

Caminando entre sombras a escondidas
llegas súbito a zaguán de casa tímida.
Verdad en tu forma de ser,
aunque no en tu forma de ver,
pues si conoces la verdad
y llegas sin maldad,
dime; ¿por qué seré yo
el que acuda a vos?
Más claro sería para paciencia mía,
que tú, que llegas bajo hilo de penumbra,
ver todo como la casa limpia
y más si cabe para no albergar pura duda.

IX

Pudiendo olvidar, prefiero recordar
los males que me abruman,
que me regalaron crueldad.

Si yo fuera de oro no me importaría olvidar,
pero prefiero acabar ceniza que pudo amar.

Pudiendo ser amado, prefiero amar
porque de una piedra a humano
un solo paso divide esa realidad.

Si yo fuera humano no quiero en mí maldad,
pues si en mí naciera nunca moriría mi realidad.

Parte 2ª.
Lo que veo y pienso.

X

Nocturna Córdoba.

Hoy contigo paseé
por tus estrechas y nácares calles
—Rucker, Osio, Deanes—.
Cómo dormías cuando te soñé.
Amor, por ti, te juré
viendo tus recónditos zaguanes,
prudente y tímida zagala,
solo sombras y mis pisadas.
Reja, maceta y cruceta,
—Horno, Cabezas, Abades—,
sueñas despierta y excelsa,
el Ángel te custodia y te besa.
Noche, penumbra y llama,
una leve farola iluminada,
silencio el paso, pues advierto,
tu viva respiración sobre mi pecho.
Decadente ciudad amurallada,
por Lorca lejana y sola,
nocturna cita con mi dama,
Córdoba, aquí y a deshora.

XI

Ojalá ser letras que vienen y van
sin tener que ser y estar,
solo dejarse llevar
y al corazón con palabras llegar.

XII

Córdoba, noche y lluvia.

De agua y luz
que se refleja.
Acelera y calma.
Mística siempre es.
Maravillosa.
Fuente sin sed.
Sed de magia.

Córdoba, noche y lluvia.

Pared blanca y azul
que se asemeja.
Andar y alma.
Sin prisa y sencillez.
Asombrosa.
Ando sin ser.
Ser luminaria.

Córdoba, noche y lluvia.

Jaula de luz
en fachada vieja.
Suspirar y respirar.
Otra vez.
Misteriosa.
Lloré otra vez.
Tres lágrimas.

XIII

Vine oscuro, tímido y negruro
como la casa de las casas;
oscura y leve luz que muestra puro
y eterno mayéstico arte al viajante.
Al fondo, luz, estancia y añeja verja,
que como faro me ilumina aquella
y al entrar en la sala de las salas
debiera descalzarme como los profetas.
En el santo de los santos no hay gloria
que colme tan maravillosa estancia,
pues tan grande es la paz que alivia,
que afirmo que es la misma habitación
en donde habita lo divino,
Dios escondido y vivo,
santo sacramento que colma velada,
ángeles y santos de almas puras
con cantos y salmos tras aleluyas.
¡Ding! ¡Dong! Suena la campana,
silencio profundo que Dios habla.

XIV

Robusto y elegante ciervo,
caminante de mil veredas,
ayer te vi, lo sé muy cierto
entre el agua y el junco.
Silencioso me hallaba
—ni una sola palabra—.
Tú, asustadizo y tímido,
bebiendo de manantiales
y atento a toda amenaza.
Camino con arduo sigilo,
—sin pasos, sin azares—,
a ti, intento acercarme.
Me detengo sobre el musgo.
Me oliste lo sé.
Me vistes no lo dudé.
Me oíste lo pensé.
Ahora alzas tu cabeza
y contemplo tu corona y realeza.
Un segundo y corres al bosque,
me desperté y era de noche.

XV

El sol no siempre duerme en el mismo lugar
porque cuando hacia él uno quiere llegar
lo intenta cuando se quiere esconder o acostar
en el poniente, donde se guarda y se apaga,
la luz del mundo, aunque siempre quedan blancas
estrellas hermanas del sol y luna antigua calmada
sin rechistar, sin ni siquiera molestar, viene y se va.
Cada uno de ellos sabe su destino y lugar.
Tan antiguos y tan pretéritos y futuro que verán.
En cambio, nosotros moriremos y polvo sin más.
Ni siquiera cuando no estemos ellos seguirán
por eso en algo tan perdurable miramos la noche y más allá.
Arriba: cielo, estrellas, sol, luna, firmamento y nada.
Nada, que llamamos a lo que no sabemos nombre dar
y aun así, yo sigo mirando sin ver más allá y poco o nada
porque creo que mis pensamientos y sentimientos alados hasta
allí pueden llegar y quedarse hasta el final
porque todo acabará alguna vez es pura ley natural
y cuando todo acabe moriré entero y nada de mí quedará.
El absoluto vacío mío y de todos nos llegará.
Miro hacia arriba y coloco un sueño en cada estrella,
que vivan lejos de mí y perduren hasta
que yo no viva y muera en el fijado final.

XVI

Camina por el suelo sin ser oída
y conmigo siempre llega a mi guarida.
Sabe todos mis secretos y realidades
y en mi muerte es la última acompañante.

XVII

Sobre la luna viajaba el pensamiento
y lo vi volar alegre y dispuesto,
tan rudo y decidido a soñar,
que por eso quise llorar
porque allí arriba en el cielo
sigue cierto mi quiero.
Nunca dejará de volar.
Nunca lo veré caminar.
Aquí en la tierra no existe este quiero
solamente se ve en el cielo.
Esperaré a saber volar
y lo tendré en mis manos hasta morar.
Luna, si algún día me ves volar
hacia ti volaré hasta tu ser,
recogeré el pensamiento
y tendré por fin mi soñado quiero.
Un último viaje tal vez.
Volar, volar y morar.

XVIII

Perdiéndome en la carretera
en los campos que me ven crecer,
pues sigo creciendo aunque no se ve
y recorro el asfalto viendo el paisaje
que casi me ve nacer.
Imperturbable y paciente. Siempre.
Los mismos caminos y árboles;
rocas que se desgastan, aunque no se ve,
agua del río que fluye por el mismo recodo.
Todo en pie, alto, las colinas y picos
formando caídas y repechos
que subo y bajo a donde sea a donde ver.
Fiel y certero reflejo de mi mañana, hoy y ayer.
Yo me iré y todo seguirá sin fin
me perturba más la naturaleza que ve.
Yo nazco, crezco y muero.
Ella ciclo y ciclo hasta el fin del ser.
Yo me iré y todo se queda por ser.

XIX

Existe en Santo Domingo
un árbol que se las hace de faro
y allí en el mirador se divisa
sin que el viento le perturbe
y ni el sol abrasador le sucumbe.
Para mí es un viejo amigo
porque ambos nos saludamos;
él con sus hojas verdes y finas
y mi alma, que en él se encarama
y juega con él por sus ramas.
Y cuando me voy y me despido
le digo en el mirador donde me hallo:
Deseo que cuando deje esta vida
siga usted inmóvil y más vivo viejo pino,
que no vivo ni viviré como hace usted y su sino.

XX

Cortijo escondido y olvidado,
que mora en sendero serrano,
dígame cuando le veré,
si en el ocaso o en el amanecer,
pues es cierto que de usted,
mora hechizo nada cruel
cuando tus viejos almendros,
que rozan orgullosa vejez,
florecen blanco, vivo y alejado.
Y a usted, que en ruinas se le ve
no seré yo quien niegue,
que ruinoso y hermoso
conviven magnos en su ser.

XXI

Extensa cordobesa campiña,
viejo hogar de una encina
solitaria, alejada, silenciada,
sin árboles, arbustos, soleada.
Te alzas sola en llanura y tierra,
camino sobre ella; seca y agrietada.
Bajo tu sombra frescor en el alma.
Qué sola estás vieja encina apenada.
Sola, sin compañía,
con el aire en tus ramas,
sintiendo noche y día
la más soledad callada.
Vieja encina de la campiña,
me rodeo de personas que me hablan,
pero te aseguro que de mi vida,
solo oyen y no escuchan nada.
Ojalá pudiera ser como tú
y vivir bajo tu misma luz,
solitaria y alejada;
que no sola y abandonada.

XXII

Pardo suelo y turquesa cielo,
coche y carretera, vida en velo,
nube rosácea en amanecida,
camino y olivo, fruto sincero.

XXIII

Albores galanes y serranos
aquellos manjares que ando,
pues dicha sea cualquier modo,
que vuestra protección a vos imploro
al santo de los santos serrano
de mil maravillas y escalera de atajo
en Santo Domingo, San Álvaro, hayo descanso
y regocijo en vuestros caminos hayo.
Quién pudiera ser ave y divisar no alto
tal gran maravilla cordobesa
haciéndose mística y serrana,
que no habrá ni animal ni vegetal,
que bese camino por donde San Álvaro
cayó y se levantó como humano
como su Cristo de leyenda y amparo.

XXIV

Llueve.

Sobre mis pensamientos
mientras acostado pienso
en la vida que llevo
que no sé si merezco.

Llueve.

Sobre el árbol y las plantas
que en mi patio se afanan
en sobrevivir sin agua
escasa como sana.

Llueve.

Sobre las persianas y ventanas
haciendo caminos de agua
que parecen los mismos
que escogí y aún no termino.

Llueve.

Y caigo dormido
mientras la oigo otra vez
sobre las plantas, las ventanas
y en mi mente lo que deseé.

Llueve.

Y nadie la ve bailar y cantar
a la lluvia en la noche otoñal
llevando su rico ajuar
en sueños y campos en su pasar.

XXV

Noche de calma y verano.
La plaza pequeña en silencio.
Campanas de sueños.
La paloma, el polluelo y el nido.
La fuente y el agua,
que brinca en ella con música clara.
Puertas y casas blancas deshabitadas.
Jazmín que trepa y besa mi cara.
Solo yo en la plaza,
inmóvil y centenaria,
capaz de escuchar mis sueños,
mis pensamientos, mis miedos...
Me escucha y acurruca.
Leve brisa danza y me acaricia
la cara, el pecho, mis manos.
Sonrío y miro el cielo
donde luz de farola guía mi puerto
y sin respuestas y con preguntas
me siento y encuentro.
En la plaza bajo el jazmín
a mí mismo me conocí.

XXVI

La rosa vive sin ser consciente de ello,
crece y forma sus espinas, hojas y ramas
hasta que madura se ve y sus flores haya.
Naciendo siguen sus pétalos y aroma,
sus colores y fragancia adornan la flora
y el jardín de la rosa se hace bello.
Crece sola con sol, tierra y agua a deshora,
mas un día llegará que sus raíces le fallan,
sus flores marchitas, caen sus hojas
y un tallo seco sin ninguna belleza adorna.
Llenó el jardín y vacío lo deja ahora.
Llenó de belleza y ahora no queda nada.
Fue así su sencilla vida sin ser consciente ella
de la belleza que dejó y el recuerdo que deja.

XXVII

Subí a lo alto para poder conversar con el sol
cuando se fuera hacia el horizonte crisol
porque en ese momento le puedo hablar
y él poderme escuchar en sinceridad.
El pequeño asciende y el gigante desciende
y le hablé sin palabra de todo mi ser,
mis sueños, pensamientos, ideas, recuerdos...
Hablándole de usted.
Y en sus rayos y luz vi que me escucha y me llama
que me calma y aconseja con palabras doradas
hasta que su luz se apaga y me dijo hasta mañana.
Y en la noche llegaron sus hermanas
y de mí se acordaban y la luna que llegó clara
no me saludó, pero conmigo paseó sosegada.
Y no hablamos de nada en la noche callada
porque el viento que hoy danzaba y cantaba
quiso contarnos sus penas amargas
cuando por el torturado mundo viaja
bajo el sol que se despide hasta mañana.

XXVIII

Nube que alta presume
ser mayor que toda cumbre.
Tu semblante
se mueve lento y amable.
No tardes en volver,
que llevas mayores dones.
La lluvia que nutre
campo, bosques y flores.
Adiós, nubes.
No tardéis en volver.
Que alta estima os tengo
hacedoras de cumbres.

XXIX

No sé si llamaros
caminos, senderos,
bosques o campos.
En el tren os veo
postes y cables.
Electricidad y luz
son vuestra virtud,
que hacéis caminar
al tren y además
me lleváis a casa
con luz para encontrar.

XXX

Naranjo del huerto
después de tanta lluvia
respiras y olvidas lo muerto.
No te preocupes más,
que ahora tus frutos
crecerán y dulces serán.

No te cogeré todos,
pues sé que trabajo tuviste
para hacer ellos todos
dulces y grandes de oro.

Otro invierno te llega
y pronto azahar de nuevo
dulce flor que me embelesa
y me olvida que estuve muerto.

XXXI

Guadalquivir, ¡oh gran río!
Cómo ruges después de tanto tiempo
de sequía que te adormece sin vacilamiento.
Poco hay de la lluvia
que hace crecer tu fama
y ahora de tu valía
no hay quien ose secarla.

Ruge, río, ruge;
que eres alegría
cuando de lluvia
te besa la nube.

Parte 3ª.
Náufrago.

XXXII

Perdido y cansado.
No veo ni mis manos.
Vereda a oscuras.
Silencio, pasos y duda.
Ni luz blanca de luna
ni linterna y brújula.
Camino a ciegas sin ver
por esta noche de mi ser,
que miedo tiene a perder
lo poco que le queda en él.
Tropiezo y caigo,
zarzas que se enredan
en pies y manos.
Heridas abiertas dejan.
Blanca y leve luces de estrellas,
unas de siempre y otra nueva.
Hacia ellas iré.
No sé si acertaré.
Allí van mis pasos.
Perdidos y cansados.

XXXIII

Como papel de usar y tirar
así me hicieron humillar,
destrozándome eternidad
y tirado en la calle con maldad.
Y pedí para un nuevo comienzo
y fue que sopló el viento
que me llevó hasta sitio concreto
y una escoba me recogió con esmero.
De allí luego me lavaron y me hicieron nuevo,
me dolió, volví a nacer y ahora estoy en un cuaderno
junto a más hojas iguales como yo cientos.
Pero una mano inocente
me arrancó del cuaderno
sin ser nada hiriente
me escogió por suerte.
Con ceras de colores
hizo casa, sol y árboles;
y una mano con arrugas
me cogió sin duda,
besó al que dibuja
y con un imán de pureza
me colgó en la nevera.

XXXIV

Herido de muerte me diría
si no estuviera aquí porfía
que conté con ansia estos días
las horas para volver a ver mi vida.
Y ahora que nos vimos y se acaba,
me digo si herido de muerte estaba.
¿Ahora qué? Luna que llena iluminabas.
Ahora noche cerrada
sin estrellas que cantan
la melodía de la luna que sana
y el sol no llega, termina y mata.

XXXV

Puede que entre pasillos y rejas
alguna vez te olvidé.
Eso quisiera saber en serio,
pero también recuerdo, que olvidé
donde te vi por primera vez.
Y nunca olvidaré, me temo,
la calle pisada y aliento
de la última vez que te besé.

XXXVI

Uno tiene a veces que hundirse
en lo más profundo para intentar
alcanzar lo más duro, lo más triste
y seguir caminando con lamentar.
Y aunque parezca visión trágica
esta locura y suicidio
tiene en mí, que perdurar
porque toda esta melancolía
me hará por fin madurar
y todo quedará atrás sin vicio,
aunque heridas y cicatrices
me invaden, pero sin maldad.
Tiene que ser así sin piedad
y al fin encontraré la verdad.

XXXVII

Fue un día que me costaba mucho caminar
más que de costumbre, aunque también imaginad
hasta que llegué a mi destino natural
que ansiaba semanas en llegar.
Gigante de los grandes
incluso santo de cantares
eucalipto centenario y mares
que cuando el suave viento
os acaricie vuestras hojas y ramas
es un concierto de música sacra
que te eleva al cielo sin peros
solamente escuchando el silencio.
Mi mente que se halla confusa,
pues mi vida parece ser siempre lucha
en tus sombras me calma y me sosiega
como quien habla por rimas sus letras.
Ojalá tu música no rompa y me ayuda
en encontrar rimas a mis duras luchas.

XXXVIII

Entre blancas calles y plazas abandonadas
camino o vago entre sombras silenciadas
evitando luz que florece en las farolas,
pues no quiero verme en esta noche amarga.
Así camino por las calles empedradas
no oigo nada, salvo mis pisadas y algunas lejanas
o el agua de aquella fuente que escucho en la plaza.
La brisa mueve algunas ramas emparejadas,
pero yo aquí bailo en esta noche sin nada
asimilando y meditando el todo que acaba.
Nada me queda ya porque murió lo que amaba.
Se fue, se murió, ya no sé ni cómo me abandonaba.
Solo sé que pena tan cierta y ahora hermana
la tendré siempre por estas calles blancas.
La buscaré por siempre, pues sin ti no me queda nada.
Nada. Nada. O eres tú o la nada.

XXXIX

Una pareja me pidió que les hiciera una foto.
¡Ay amor!
Nunca les digo que no.
Tal vez porque algún día me vea como ellos.
No sé si será mi propio ego,
pero yo no puedo
decirles que no.
Solamente les diré:
"Aquí. Mejor pónganse aquí."
Y no una solo foto
les haré. Muchas sobre todo.
Ellos se irán con sus fotos y un recuerdo
y yo con una sonrisa y envidia si te soy sincero.

XL

Llega a veces sutiles vientos
que traen nubes que provoca silencio,
oscuridad, luz y muchas sombras
que inmoviliza la mente sonora.
Todo lo que uno creía saber de uno mismo
se esfuma como la hoja movida por el aire
que rueda, se eleva y se va. Se esfuma
para no volver. Así uno queda sin verdad.
Ahora me queda esperar un atisbo
de luz que me dé un sabio consejo y pare
este vacío que crece como espuma
que solo espero luz que me dé saciedad.
Solo espero que cuando pare este viento
no llegue mi mente vacía y mis ojos ciegos,
que cuando acabe esta sombra que me asola
pueda yo respirar el aire que trae las sombras.

XLI

Te recuerdo.

Mi mente no se acostumbra
a no verte ni tenerte,
por eso cuando todo se tumba
quisiera poder verte.

Te recuerdo.

No sé si me olvidaste.
Ojalá no me perdones,
así nunca olvidarías
lo que perdiste aquel día.

XLII

En el quiero de mi ansia,
vago recuerdo en moradas,
frías luces de albas,
por pensante en nostalgia.
Detente pensamiento.
No más triste recuerdo.
Alondras vuelan cientos,
a las que llamo pensamientos.
Todas moran en sus nidos
criando sus polluelos.
Dime qué comen sincero
y te diré cómo volará mi recuerdo.

XLIII

Perdóname por volver a insistir,
pero ya no podía más con este sinvivir.
Sí, otra vez volví a contigo soñar
y de nuevo el mismo sueño sin más.
¿Por qué?
¿Te lo digo?
No me mires así que de inteligencia
no eres ni eras un grano de mostaza.
Te volví a ver con tu sonrisa
y yo solamente a ti te miraba.
¿Y qué?
¿Qué cometido?
Simplemente, te lo quería decir.
Para mí, es importante que lo sepas,
aunque ya sé que a ti
ya nada (bueno o malo) esperas.
¿Que si soñaré?
Eso quiero. De ti y sinvivir.

XLIV

¿Qué culpa tengo yo;
que nos separe el mar,
la pared blanca
de ladrillo y cal?

¿Qué culpa tengo yo;
que no pueda olvidarte,
la torre dorada,
campanas y Arcángel?

¿Qué culpa tengo yo;
que sonría al verte,
el sol en poniente
y el río ruge alegre?

¿Qué culpa tengo yo;
que no pare de amarte,
la fuente que fluye
y mi corazón que late?

¿Qué culpa tengo yo;
que muero sin olvido,
de mis ojos olivos
y naranjos floridos?

¿Qué culpa tengo yo
de saber que amares
a tantos hechizos
sin mí, sin mares?

XLV

Tengo aún pensamientos encontrados.
Quisiera cambiar todo lo logrado
y desechar lo rico y lo ganado.
Quisiera perderme como de costumbre,
pues me veo así en la lumbre
y decirme que todo lo necesario no lo tuve.
Podría volver a hacerlo, sí,
pero ahora mismo no se nada de ti
y sin tu sí, yo quiero herirme a mí.

XLVI

Aquella luz reflejada en la cal,
la piedra caliza hecha dorada,
abrasante fuego sin aire
y sobre todo tu soledad.
Soledad de calles vacías y verdad.
Solo tú y yo en esta esquina
cobijado en la sombra romana.
Aquí te miro y suspiro infinito.
Rayos que hacen brillo sin ruido,
maceta seca sin vida ya,
así estarás hasta Dios sabrá.
Te miro en la sombra
y este mudo aire fresco.
Una ciudad que resiste en soledad.
Una lucha por vivir.
Morir y muerte por ti.
Córdoba, tu soledad y mi soledad.

XLVII

De noche moriré. Sí, moriré
porque en la noche me seré,
hallaré la forma que sé
que siempre me digo nunca tendré
y antes de morir me diré:
Sí. Así pensé que seré.

XLVIII

El vacío del vacío
es un sentimiento
del que crees
que estás sin nada y desvivido
y sientes un atisbo
en el que ves que era solo un principio
sin saber ni su final ni su principio.

XLIX

Otro anhelo que se deshace
como el copo de nieve
al tocar la roca fría
así se va breve historia.

El anhelo no sé cómo nace,
ni cómo perdura y vive aún breve.
Solo sé que de día
era claro y era memoria.

Muerte de un anhelo suave.
A veces trágico desde
otro mirar que es vida
aun triste y melancólica.

L

Sendero, sombra y viento;
las ramas se mecen
y las hojas son intento
de música, que crece
con lágrimas de tiempo.

No busco yo cobijo
ni abrazo en su sitio.
Quiero soledad,
que calme la tempestad.

Agua del arroyo,
que haces sendero de gozo.
Tu música es de oro
y una gota tuya es sonoro.

Sendero, sombra y viento
la tórtola echa su vuelo
en nublado cielo,
que acaba su miedo
y mi soledad sincero.

LI

En noche y más madrugada
donde no quedan pisadas
y tampoco almas humanas,
vago como perro sin casa
buscando entre calles y plazas,
donde fueron tus benditas pisadas.
Hasta recuerdo cómo sonaban
cuando por el día junto a ti acompañaba.
Todo silencio y poco a poco mudo
se va quedando todo, sí, embrujo.
Como maldición, que consiguió y pudo
hacerme ver que nada era cierto y puro
por la blanca calle yo camino y escupo
bajo una capa de hielo y sentirme inseguro
toda mi rabia de saber que ninguno
llegará a pensar que quizás fuéramos uno.

LII

Sueño un espejo
donde mi yo me ve.
Se ríe y se burla de mí
mientras yo estoy inmóvil y quieto
como estatua viendo tiempo.
Busca todo de mí
(desdichas, fracasos y miedos)
y los muestra, me los enseña.
Por qué me pregunto.
Porque así eres en uno,
pero yo le dije seguro:
Sí lo soy. Yo siempre lucho.

LIII

Sobre la falsedad mucho escrito está.
Personas que dicen que apoyarán
decisiones y virtudes de sus demás
y que luego, cuando no hicieren,
ves que no era verdad y no eres demás.
Así yo me pregunto,
si tanto era lo que antes me buscaban,
¿no era más cierto que interés la verdad?
Sí, la verdad, la dueña de todo pensamiento.
Qué poco conocen la verdad. Seguro.
Antes verla gris que blanca
dirán algunos extasiados de maldad,
ciegos de su mentira mal llamada verdad,
pero yo la verdad la muestro con alas.
Ella sola vuela y se aleja del fuego y la farsa.
Recuerda que la amistad solo la crea la verdad.

LIV

Limpio cristal y fuerte lluvia,
clara del cielo y nada turbia.
Me asomo y contemplo,
sigiloso y cuidado celo,
como caen las gotas sobre ti.
Diversas, fuertes, muy fuertes;
te golpean como mi corazón a mí,
golpes que resuenan dentro de mí,
que casi ni palpa ni siente por éste.
¡Ay duro cristal hecho ventana!
Sigue la fuerte lluvia que no para,
va cayendo sobre ti y queda varada.
Las gotas y sus contornos aclaran
dibujos de agua limpia e hipnotizada.
Agua y gota que lentamente casan
claras y brillantes como la plata.
Gotas heridas que en el reflejo eran
lágrimas hechas agua en la ventana.

LV

Hay días y otros días.

De los que no quieres ser,
ni estar donde debes,
pues de tu mente ni te fías.
Solo silencio y horizonte.
No te quieres escuchar,
no pretendes escapar
y tampoco te quieres buscar
solamente quieres estar sin estar.

Hay días y otros días.

LVI

Caminaba en la noche,
aun sin pensar y recordar.
Yo la veía sobre mí posar
cuando daba el reloj las doce.
No quería recordar, solo caminar.
Pruebas que uno se cansa de intentar
y que acaba con desánimo, viejo amigo,
que parece que ya es más, un hermano.
Siempre aquí está o se hace notar,
pero yo miro la luna
blanca vieja y hermosa rosa.
Mi caminar hoy es fortuna.
Tan hermosa la veo hoy,
que me hace pensar
del desánimo amigo soy.
Vieja luna del ciervo.
La miro y su luz esperanza me da.
Venceré vieja luna
tu luz certera fluirá.
Te veo vieja luna.
Acompáñame en el caminar,
que contigo el desánimo
quiero por siempre derrotar.

LVII

Muy lejos de mí,
allá donde el sol busca poniente,
veo lo que quiero, deseo y sueño.
Allá donde se oculta verdad.
Allá donde busqué otro amar.
Allá donde vivir, morir, ser y estar.
Toco el sol y frío está,
aunque me siento arder.
Busco otra forma de ser
allá en el poniente. Créeme.
Prefiero seguir.

LVIII

Amanecer... qué metáfora.
Todo lo que empieza, amanece.
Todo tiene su momento y hora.
Soleado, turbado o resplandeciente.
¡Qué amaneceres vividos y sufridos!
No todo amanecer es nueva vida,
incluso un amanecer es calvario.
Amaneceres, coche y la campiña.

LVIX

Amargo despertar de pesadilla.
Nunca acabaré bien en mi dicha
cuando nada fluye y todo se arruina.
Nada es. Nada esconde esta cita.

LX

Si yo te dijera que dejé todo por ti,
¿qué respuesta saldría de ti?
No lo sé, quizás nunca lo sabré,
pero ahora sé que algo en mí
solo se pregunta, ¿te arrepientes?
Y yo me digo, no lo sé. Solo sé,
que ahora es hoy y que mañana
todo amor acabará como invierno
y al llegar el calor y sol,
la mente se embellecerá
y mis sentimientos florecerán.
Y lo poco que quede de mí se dirá:
"Es hoy, ahora o muerte".
Y yo elegiré muerte
porque la muerte me hace prisión
desde que te conocí,
pues vivo en una cárcel de amor
llena de ti, pero sin ti.

LXI

Iba caminando bajo la fría lluvia
y en pensamientos de uno mismo,
que moran y acosan realidad turbia,
en un incierto y ausente atisbo.

LXII

A veces pretendo no olvidarte
y también pretendo olvidarme,
pues todo lo que tengo
y todo lo que me queda
no está conmigo,
sino que se esfuma
como el humo y la niebla.
Y si te digo lo que quisiera
cuando me dicen vuela
es volar contigo
donde tú me digas que quieras.

LXIII

En tierra regada y abonada
de buen recuerdo maravillada
no perece el hombre
vive en su norte
así que, cuando yo muera,
no me iré del todo bajo tierra,
pues persistiré en tu recuerdo
y creceré como el almendro.
Dentro de ti.
Como me vi.
Capaz de hacer crecer todo un mundo
que cambie la melancolía y el miedo
en una esperanza cierta sin mudo
de un amor que se apagó, pero fue puro.

LXIV

Mi soledad es una calle de madrugada
de altos blancos muros de piedra callada,
farola de gárgola de hierro forjada
y suelo pétreo que hace música de pisadas.

Donde no se oye a nadie y queda la noche
allí, en esa calle, recuerdo su nombre
desborda mi mente y zozobra al hombre
que en soledad andaba como morgue.

Todo lo demás es puro invento
el mentirse así mismo lo secreto
que nunca habrá otra alma ni relevo
porque la farola se apagará y el recuerdo.

LXV

A veces la luz se vuelve cegadora
y ya no es pura, sino oscura
capaz de confundir mente tentadora
y la alma pequeña y pura.
Y no es que haya remedio en esa hora,
sino que viene espera oportuna.
Tiempo, eso es, tiempo en deshora
y silencio que viene y te cura.

Índice